マンガでわかる

営業に向かない…と思っている人のための営業系心理学

渋谷昌三 Shozo Shibuya・監修

渡辺保裕 Yasuhiro Watanabe・作画

JIPPI Compact

実業之日本社

監修のことば

「叩けよさらば開かれん」という言葉があります。積極的に働きかければ道が開けてくるというものです。「営業に向かない…」と思っている人は、営業という重い扉をノックするのをためらっていたり、不安になっていたりするだけなのです。

どうすれば、重い扉を気軽にノックできるようになれるでしょうか。第一に、仕事での人間関係は「接するだけであり、お付き合いをするわけではない」ということです。第二に、またお客さまの笑顔が見られるという「内発的動機づけ」で仕事をすることです。

本書では、心理学の知見から、すぐに役立つ、多彩で効果的なテクニックを提案しています。同僚と肩を並べることができ、いつの日か追い越すことができる。このようなポジティブ志向が身につくはずです。

渋谷昌三

2014年8月

CONTENTS

カバーデザイン 杉本欣右 カバーイラスト 渡辺保裕
カバー写真 Asadal / PIXTA(ピクスタ) 編集協力 加藤一来

第1章

ボクは絶対、営業に向いてない

――「あんた、営業嫌いだろ?」

ヤバイ！ヤバイ！すべってる〜〜〜…

では 特売 よろしく お願いいたします！
実日食品さんの袋麺は人気がありますから
こちらこそ よろしく お願いしますよ
袋ラーメン 100ケース 商談成立――
今月もこれで ノルマ以上を売った
ボクは中堅食品会社の 営業マンとして順調に 成果をあげ続けている
もうすぐ課長に 昇進だ
しかし こんなボクも 入社当時は まったく成果をあげられず 会社を辞めようと考えていた
では なぜボクは 変われたのか？ それには…
実日食品 営業2課 係長
中西 達也（33歳）

ある心理学が大きく関係していた

ぱん
よしッ
それによって自分を変えるのではなく「営業」という仕事に対する考え方を変えたから
結果的にボクは変われた!!

10年前――
中西『ミハラM《マジック》ストア』の特売は取れたのかーッ？
明日商談があるのでガンバリます…
受注キャンペー
部全体のノルマってものがあるんだからさぁ
お前ひとりが全体の足を引っ張ることになってるんだよ
す…すみません
入社2年目
中西　達也（23歳）
同期の豊田を少しは見習って
後半エンジンかけて頑張ってよ!!
はい…

絶対 この仕事《営業》 向いてないよなァ
だいたい人付き合いが苦手なんだし
もともと宣伝とかマーケティングを志望していたのにさ…
ぶつぶつ
就職活動失敗したよな…もういっそのこと辞め…
暗いね〜中西クン
ぽん
わ
明るくしてないと取れる注文も取れないぜ!!
営業 同期
豊田 和也(23歳)
と…豊田
相手だって人間なんだからさー
入り込むんだよもっと心の中に!! 友達になるくらいに!! そうすりゃ情もわくってもんよ
オレのスケジュール見る?

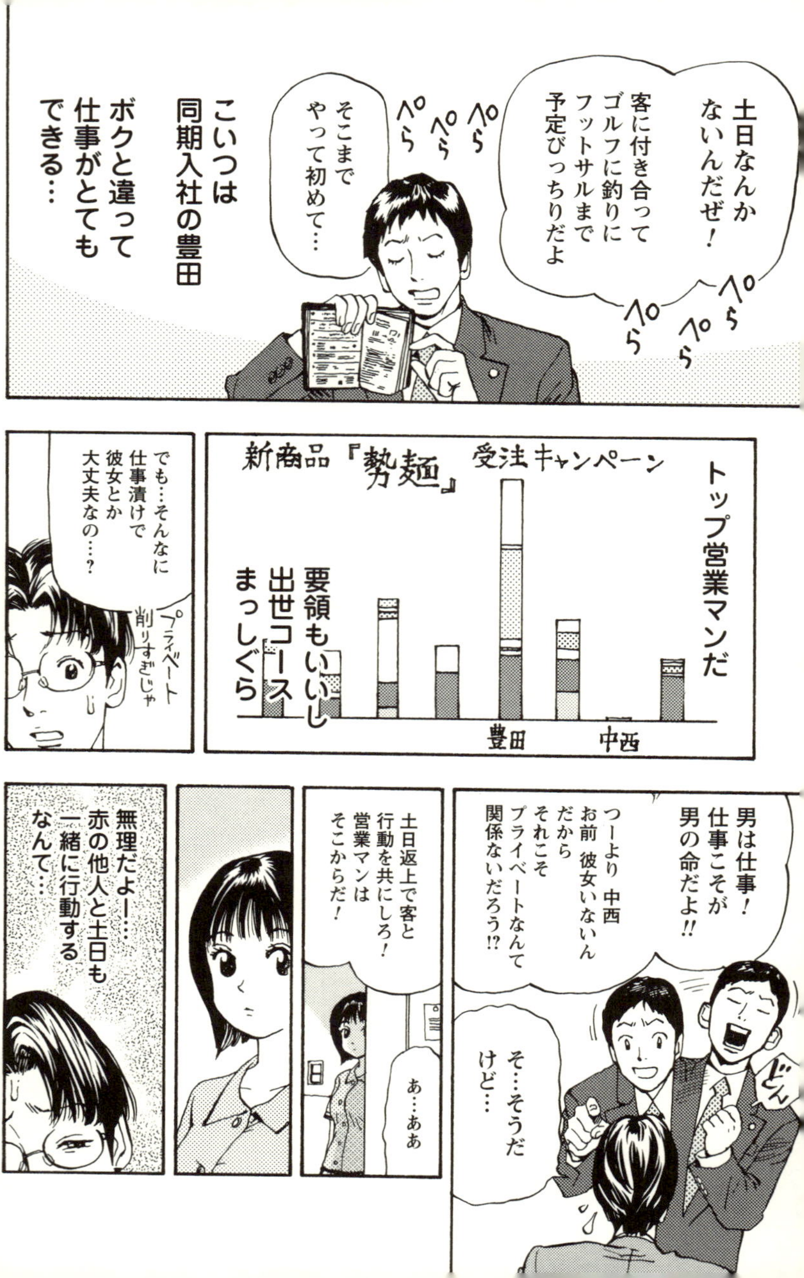

土日なんかないんだぜ！
客に付き合ってゴルフに釣りにフットサルまで予定びっちりだよ
ぺらぺら
ぺらぺら
そこまでやって初めて…
こいつは同期入社の豊田
ボクと違って仕事がとてもできる…
新商品『勢麺』受注キャンペーン
豊田
中西
トップ営業マンだ
要領もいいし出世コースまっしぐら
でも…そんなに仕事漬けで彼女とか大丈夫なの…？
プライベート削りすぎじゃ
男は仕事！仕事こそが男の命だよ!!
つーより 中西 お前 彼女いないんだからそれこそプライベートなんて関係ないだろう!?
どん
そ…そうだけど…
土日返上で客と行動を共にしろ！営業マンはそこからだ！
あ…ああ
無理だよー…赤の他人と土日も一緒に行動するなんて…

平日だって
いやでいやで
仕方ないのに…
とにかくボクは
営業が嫌いなんだ
もっとカッコイイ仕事が
したい…
モノを売るなんて
全然興味ない…
職願・退職届・辞表の
き方へようこそ
このサイトでは、退職願・退職届・辞表の書き方やそれぞれの違いについて解説しています。その他、円満退職に向けて、挨拶状の書き方、失業保険（雇用保険の失業給付）や退職金に関する情報など退職時のお役立ち情報を提供しています。
・退職願の書き方
職届の書き方
の書き方
プルルルルルル
わッ!!
プルルルルルルル
ルルルル

電話が…
オフィスにかかってくる電話が…
プルルル
怖い…
また何かやっちゃったのか…
キミじゃ話にならない上司を出しなさい!
やっぱり他社のにするからあの注文キャンセルしといてね～
まだ商品届かないんだけどーッ
もう…カンベンしてくれ!

おい 中西 電話ぐらい でろよ!
はッ
は…はい
お…お待たせ しました じ…実日 ヒヨクシン… …あ…す… すみません…
電話も満足に でられねーの か!
……

翌日——
『ミハラMストア』
ミハラM《マジック》ストア
商談室
ぜひ一度ご試食いただきまして…
……
それで…えー
その－…
お味のほうはいかがでしょうか…?
今食べてるでしょ!
少し待ちなよ
『ミハラMストア』
仕入れ担当 大下 太店長
す…すみません
食品卸売会社 営業
『ミハラMストア』担当
高倉 孝太郎
おど
おど
はは
…

商品の説明しましょうよ
ゴホ
え
あ…ああ…
この『勢麺』は新商品でしてえー…
普通!
は?
味は まぁ可もなく不可もなし
普通だなァ
し…しかし あの麺の製法と…
実日食品
勢
せいめん
醤油
しかしも何も食ってみてオレがそう思うんだからしょうがねえだろ!!
は…はい すみません…
…
似たようなのたくさんあるし新商品なんて売れるかどうかわからねえしよ!
カチ
…はい
ふ〜〜う

「はい」じゃなくて何か言って売り込みなよ！
それが仕事だろ？違うのかよ!!
は…はい！すみません！
あ…
あの
土曜とか日曜とか私 ゴルフなどでもお付き合いいたしますが…？
はあ？
つ…釣りとか…あの
はは…
……
はあ
何言ってんだよ！バカか あんた
オレはゴルフも釣りもやんねえよ!!
つーか 土日はここで仕事してるだろーが!!
オレ店長だぞ!!
す…すみません…!!
ヤバイ！ヤバイ！すべってる～～～…

何をするんだってさ
あんたみたいな人とは行かないよ
ちゃんと人の目を見て話しするとかさ
基本的なことできてないんだもん
す…すみません
おど おど
おど
はは
すみません…
あんたさ…

営業嫌いだろ?

営業に向いてないって思ってるんじゃない？
そういうのが一番迷惑なんだよ
仕事にならねぇしさァ
ねぇ高倉さんもそう思うだろ？
ハッキリ言ってやんなよ！
…
不愉快な思いをさせてしまいましてすみません…
いやあんたとはさ付き合いも長いからあれだけど…
でもさあー…この人はホント何考えてんのか………
可愛げがないんだよなァ
…

ミハラMストア
ミハラMストア
Stewardship
We support sustainable
Environmental Stewardship
大下店長の言うこともわからなくもないですよ
はい…すみません
真面目とかおとなしいとかそういうのと何か違うんですよね中西さんは
はぁ…
なんていうか…………
自信なさすぎ？
他社さんからも実日食品の今度の営業さんってキョどるよねって話聞きますからね

……すみません
お疲れさまー
お疲れーッまた明日ね
実日食品 学生アルバイト
和田 博美(20歳)

あ
中西さん…

営業嫌いだろ?
同期の豊田を見習えよ
どうするんスか中西さん
明るくないとダメだろ
他社の人もキョどるって言ってますよ
そんなこと言われなくたってわかってるさ
ボク…

ちっぽけだな…

第2章

なんでそこまで営業に打ち込めるんだ？

――「そこがダメなんだよ!!」

ちょッ
さあさあ
ぐいっ

『勢麺』はウチの期待の新商品なの!わかってる?
特売の受注ケース数が目標に届かないならまだしも
特売自体が取れないなんて…まったく!
CMも投下するって伝えたか!?
実日食品 新商品 勢麺
革命的旨さ
新・発・売
勢麺
SEIMEN
あ…
い…いいえ…
どういう商談してんだよ中西〜〜〜ッ!!

目を見ろよ ちゃんと!!
あ
お前 営業先でも こんなんじゃ ないだろうなァ 頼むよ ホント
サンキュー
仰木さん コーヒー はいりました
お〜い 豊田 中西に少し 特売ゲットのコツでも 教えてやってくれ〜〜ッ
はいッ
勉強させて もらえ!
は…はい…
いやーいつも 博美ちゃんの コーヒーは 旨いねーっ

会議室A
中西 気にすんなよ
するよ…
ま…そりゃそうだな
ははは
ウチの課 ほかに比べて低調なんだよ
……
1課なんて月半ばにして目標達成だけど
ウチはいいとこ6合目かな… だから課長も機嫌が悪いんだ
じ…じゃあ

みんな苦戦してるんだ…
ホッ
そこがダメなんだよ!!
え
今 中西さぁホッとしたろ?
あ…ああいや…少し…ね
ばっ
オレは違うぜ

オレなら
よろこぶ!!
ほかが
苦戦してるって
ことは 一気に
ほかと差をつける
チャンスだからな！
こういう時
オレは時間を見つけて
担当店にこまめに
顔を出す！
でも
ただ顔を出す
だけじゃない
相手が喜ぶ
「情報」を持って
顔を出すんだ！
よろこぶ
情報なんか
そう簡単に
手に入らない

だからオレは自社商品のデータだけではなく
担当店の地域売上特性なんかを知るために卸店はもちろん…
ショッピングモール
スーパー
他業種の営業マンとも仲良くしてる
すごいな豊田は…ボクとは全然違う
情報なんて誰でも簡単に手に入れられる時代だからその「質」にこだわる!
そんな時代だからこそ「人間関係」にもこだわる!

「同じような商品」「同じような価格」だったらよく顔を出す営業マンから買うだろ？
これが人付き合いだ
営業マンは人付き合いのプロにならなきゃダメだ！
とても同期とは思えないな…
人付き合い！
自分が情けなさすぎだよ…
…でも…
でも豊田はなんでそこまで営業に打ち込めるんだ？
ボクにはとても…
う…
ん？

コンコン
カチャ
失礼します
コーヒー
お持ちしました
お…おお
博美ちゃ～ん!
待ってたよ
コーヒー
愛情込めて
淹《い》れたので
おいしい
ですよーッ
はは…
よく言うよ
ベンダー
じゃん!
サ・キュー

中西さんもどうぞ
あ…ありがとう
んーッうまいッ!!さすが博美ちゃんの淹れたのは違うねーッ
愛情込めて淹れましたから
まだ言うかーッ!
ははは
豊田…さっきの顔は…?

このまま
受注ゼロってのも
まずいから
午後からは
単独店でも
まわれよ
とはいえ
ボクはとても
豊田のようには
できないな…
はぁ
なっかにっし
さん！
ん

あ
和田さん
あれ？
もう帰るの？
これから
大学で
授業です
ニコッ
そっか
和田さん
大学生だもんね
アルバイト
ご苦労さまです
とってもかわいそうな
苦学生なんです
私…
う…
ゴ…ゴメン
あの…その
ウソで〰〰す
ちょ…
ちょっと
カンベンして
よ〰〰〰

中西さん これから お仕事ですか？
う…うん
と言っても アテがあるような ないようなー ………
だったら 私に 付き合って ください！
え？

さ 行きましょう！
ちょッ
さあ さあ
ちょっと 和田さん ………

雲雀大学
無断立入禁止
ここは…キミの通っている大学？
はい！ちょっとだけ授業に参加してみましょうよ
でも…ボク部外者だし…
もちろん内緒ですよ
ここです
中講義室

そーっとですよ…
誰にとっても自分の姿は見えにくいものです
他人という鏡に映してみて初めて自分の本当の姿が見えてくる
しかし こうした鏡に映る姿に気づかない人もいるようですね

友人や知人
あるいは同僚などは
自分自身を知る鏡だと
言えます
自分の顔の映りが
悪い鏡のほうがむしろ
本当の自分の姿を
映し出している鏡だと
考えて大切にすべきだと
思います
いわゆる
苦言や批評を
してくれる
他人のことですね

怒ってくれる人っていろんな意味があるんですね…
!
この先生との出会いが…
ボクの…

人生のターニングポイントになったのだ――
雲雀大学
渋谷昌三

第3章

営業に「人付き合い」はいらない!?

――性格は変えられなくても、考え方は変えられる！

心の奥に隠された意外なものとは?
「自分の顔の映りが悪い鏡」を大切にする
視線に現われた心の動きをどう読むか
心理学の渋谷昌三先生の授業です
ボ…ボクは部外者だよ
大丈夫かな?
いいから黙って聞いてください
中西さんには聞いてもらいたいんです
え…

「目は口ほどにものを言う」と言いますが視線にはふたつの働きがあります
ひとつは…
視線を合わせることによって話したいという熱意や興味の強さを相手に伝えることができますし相手の関心を引くこともできます
これってどう思います？
ボ…
じ…
ボクは視線を合わせて話すのは苦手だけど…
そしてもうひとつは…

自らの好意を相手に伝えることができる
ちなみに心理学では…

1／視線をよく合わせる人は？

親和欲求（他人と一緒にいたいという欲求）が高い
いつも自分のまわりに人がいないと落ち着かないので
ひとりになることを嫌い、依頼心が強い

2／目がキョロキョロと落ち着かない人は？

周囲の人の反応に気をつかい、周囲の人の言動に
影響されやすい人は、話を短くし、より多く相手を見る
結果、キョロキョロと落ち着かなくなる

3／視線ひとつでこんなに印象が変わる！

ほとんど視線を合わせないで話をするよりも
しっかり視線を合わせて話したほうが
「信頼でき、快活で、親しみやすく話しやすい」
との印象を与えられる

視線を合わせるのが苦手という人が案外多いけど…
「コレで損することもあるのだ」ということも知っておいたほうがいいかもしれませんね
……
くす
大下店長に怒られた時…
ボクはどうせ特売なんか取れるわけないと思って下を向いたままだった…
心理学ってなんだか面白いでしょ?
ぴら
この紙を見てみてください

相手の行動から読むあなたに対するサイン（YES=受容、NO=拒絶）

あなたはどこまでイエス・ノーが読めるか

①あなたが入っていくと、デスクから立ち上がる （YES・NO）

②イスに姿勢よく座り、興味深げに前かがみになったり、身を乗り出したりする （YES・NO）

③ふんぞり返って、腕を組んだり、握りこぶしをつくったりする （YES・NO）

④腕は組まずに、デスクの上などに広げて置く （YES・NO）

⑤手で顔や口を隠さない。あなたが話している時、体と顔があなたのほうを向いている （YES・NO）

⑥落ち着いて座っており、あなたの動きを追うほかは、ほとんど動かない （YES・NO）

⑦あなたと視線を合わせないようにしている （YES・NO）

⑧表情に緊張感がなく、あなたの話に耳を傾けており、かすかに口が開いていたりする （YES・NO）

⑨あなたが話している時、じっと目を閉じていたり、まばたきを盛んにする （YES・NO）

⑩足を床にぴったりつけ、膝を閉じ、脚を組もうとしない （YES・NO）

2枚目に答えがありますよ
答え合わせすると思わずというか改めて納得しちゃうんですよね
これは…
カリ カリ
カリッ
YES

設問	①	②	③	④	⑤
解答	YES	YES	NO	YES	YES

設問	⑥	⑦	⑧	⑨	⑩
解答	YES	NO	YES	NO	NO

もしかして
ボクは大下店長に…
まだ
拒否されて
いないのか…？
……
先生
ボクが
尊敬している
先輩が
今 営業職で
バリバリやって
いるんで…
この前
就職の相談に
行ったんですけど
人付き合いが
得意だから
就職は営業を
希望だと…？
カチ
はい！

そんな甘いもんじゃないって
やめとけ
え!? で…でも…
大学生の人付き合いなんて どーせサークルだバイトだって気の合う仲間たちとの人間関係だろ?
そんなのは誰でも築ける人間関係だよ
社会に出りゃまったくの初対面の赤の他人と人間関係を築いていかなきゃならない
さらにビジネスとしてノルマにも追われる
もっと真剣に就職を考えたほうがいいよ
ふ
すかーっ
だいたいオレなんて人付き合いははっきり言って苦手だよ
え――――ッ!?

でも
その先輩は
営業で結果
残してるんです
よねー…
人付き合いが
苦手で…
営業で結果を
残してる…？
キュ キュッ
どんな
でも必ず
どんな 場合でも 必ず成功する
説得のコツ
キュッ
なんだがボク
自分を否定
されてるようで
ちょっと
落ち込んで…
これからの
就職活動
どうすればいいのか
よくわからないん
です…
現実は全然
違うんだと
その先輩は
言いたいんだね

ちょっと
話が横道に
それるかも
しれないけど
ぱんっ
人付き合いが
苦手だという人でも
他人のさまざまな言動を
観察してみると
今まで見えなかった
人間関係の意外な側面が
見えてくる
さあ
始まるわよ
渋谷劇場が！
たとえば…
直接会って
なんども同じような
説明を繰り返して
いるのだが
なかなか解決の糸口が
見つからない
こんな時
ある方法で交渉すると
案外すんなり解決する
ことがあります
さて　みなさん
それはなんでしょう？

メール
ファックス
他の人に頼む！
やっぱメールでしょ…
正解は
電話です
電話…
意見がまったく違うふたりに議論させるとその結末はどうなるかわかりますか？
結論なんて出るわけないじゃん
ざわ…
そりゃそうだよなぁ…
えーーッ何それ
メールじゃないのか？
なるほど…

じつは
ある実験によると
電話で議論させた
場合には
直接会って
議論させた場合より
自分の意見を
変える人が
多くなり…
妥協点が
見いだされた
さらに
驚いたことには
電話で話した相手に
「誠実である」「理性的である」
「信頼できる」といった
いい印象をもつ人が
多かった――
直接会って話すと
相手の
一挙手一投足が
いちいち気になり
会話に集中できない
ことも多い
でも
電話だと…
へえ…
でも 必ず成功する
説得のコツ

声以外の余計な情報がないので話に集中せざるを得なくなり
内容の理解が深くなったり相手の微妙な気持ちがわかりやすくなったりする
結果説得をスムーズにする
なるほど
ふぅん
メールより電話かぁ
…確かに
今思えば電話で交渉すればよかったこともたくさんあった気がする…
もちろん「話しにくいこと」こそ会って話せという場合もあります
それは「自分の感情をストレートに相手にぶつけてなんとか説得したい」場合です
カチ
この表はさまざまな感情の的中率です

さまざまな感情の的中率
（数字は正しく判断された比率％）

感情	刺激		
	声のみ	顔のみ	声＋顔
喜び	42	86	81
驚き	41	43	51.5
恐れ	74	58	73
不快	34	52	51.5
怒り	56	62.5	61
軽蔑	33	37	37

頼みにくいことほど直接会って話しにくい
こんな時電話で済ませたいという気になるが逆にこれが説得に失敗する原因になることがある
直接会う場合と電話で話をする場合とでは感情の伝わり方に差が見られる

男と女の場合好きな人を口説いて交際したい
こんな時直接会って「ともに話せることのよろこび」を相手に伝え
ムードで説得し交際を承諾させるのがいいと思います
ははははは
ふふ
当たり前だと思うことでも心理学で考えると…………
改めて理解が深まるような気がする…
先生

はい
和田さんなんですか？
渋谷先生は「仕事上での人付き合い」って大変だと思われますか？
あ…横道にそれすぎていたようですね
はは…
「仕事上での人付き合い」は…
割り切るようにしたほうがいいですね
割り切る？
仕事では「人付き合い」とは思わないようにして…

「人と接する」と考えるのです
「人と接する」…!?

人間
十人十色です
合う人
合わない人
そりゃあ
たくさんいます
だから
深く考えずに
「人と接する」と
考えればいいいん
です
Daiwa
……
仕事関係では
何か目的が
あるのだから
「人と接する」
と考え
仕事外では
「人付き合い」と
考えればいい
「人と接する」という
スキルが上がれば
おのずと
仕事のスキルも
アップする

人に迷惑がかからない程度に自分に都合よく解釈してまずはいいほうだけを考えればいい
性格は変えられなくても考え方は変えられるのです！
ボクはいろいろなことを難しく考えすぎていたのかもしれない…
なるほどー

第4章

やる気を引き出す原動力…？

――「外発的動機づけ」と「内発的動機づけ」

中西　そういう声は必ずオレに報せてくれ
とくに批判は大歓迎！

すっ

まだ 拒否されて
いないのかも…
性格は
変えられなくても
考え方は
変えられるのです
大下店長に
もう一度…
ばっ
でもな〜〜
へな
へな
はあー

すっ
にこっ
ばっ
わわッ
わわ…和田さんッ!?
「パーソナル・スペース」に侵入してみました
パ…パーソナル・スペース?
自分自身の占有空間のことです
パーソナルスペース
パーソナルスペース
不快
快適
一種の縄張り意識ですね
自分のパーソナル・スペースが保障されている時は快適で他人が侵入すると不快になるといわれます

へー
よく知ってるねーー
渋谷先生に習いました!
パーソナル・スペースには個人差はもちろん相手　場所などによってもさまざまですが一般に腕を伸ばしたくらいの範囲とされています
はは…ボクのはもっと広いかも…
そのパーソナル・スペースでいろいろな心理分析ができるんですよ
へーー どんな?
中西さんさっき私が「侵入」した時不快になりました?
え…
不快だなんて…び…びっくりはしたけど…
そりゃ
ビックリは…
オロオロ
オロオロ
あ

いけない
お客さんでした！
え？
ボ…ボクに？
すみません
それを言いに
来たんでした
打ち合わせ
スペースで
お待ちです
大きな人…
大きな人…？
誰だろ…
?
※密接距離クリア
…かな？
※ごく親しい人に許される距離

あ
稲尾《いなお》
おう 中西!
稲尾清史郎(23歳)
実日食品房総工場
研究開発部
『勢麺』担当
稲尾とは新人合同研修の時からの仲だ
ほかの人となかなか打ち解けられなかったボクだがこいつと豊田とだけはウマがあってよく話をした…
といっても向こうのペースでだけど…
『勢麺』の大手量販店での商談がほぼ終わったんで試食のレビューを聞きに来たんだよ!!
え――……
それでわざわざ?
電話とかメールですむじゃん…

クラァ 中西ッ!! お前『勢麺』をなんだと思ってる!!
ガッ
わわッ
『勢麺』はなァ オレが新入社員で配属されてから それこそ寝る間も惜しんで 先輩たちと創った かわいい『子ども』なんだ!
こ… 子ども?
お前 かわいい わが子のことを 電話とかメールで 聞く親が どこにいる!
いると思う けど…
『勢麺』のコンセプトは その名の通り「勢い」だ CM 聞いただろ?
勢麺たべて
セイヤ
新商品 発表会の時 流れてた ノリのいい曲ね
オレは スープ担当なんだ 『勢麺』は「麺」と「スープ」だけなんで みんな気合入ってる
そんなスープ 創るために オレ 飲んだぜ スープ…

半年以上
まともな飯
食った記憶なし…
朝から晩まで
スープ飲んでたから
ゲッソリ
痩せちゃって…
そ…そりゃあ
大変だったなぁ
…ボクには
とても…
なワケねーだろ!
そこはお前が
ツッコミ入れるトコ
だっつーの!!
たっ
ばん
相変わらず
だなァ 中西
———ッ
大丈夫か?
ホント
がははは
…じゃない
ははは…
…ん?
大丈夫じゃない
たぶん
中西…

可もなく不可もなし　普通だなァ
ちょっと待った中西!
え
お前の担当店の店長「普通」って言ったのか?
「可もなく不可もなし」って言ったのか?
う…うんでも…個人の感想だから…それに
がくがくがく
がっ
すまん!

い…稲尾…
中西 すまん
お前の担当店の
店長を満足
させられんで…
そ…そんなこと…
オレはな
『勢麺』を食べて
くれた人
全員から
「おいしい」って
言ってもらえる
ようにと創った
つもりなんだ
それが…
よりによって
お前の…
本当にスマン!
オレのせいでイヤな
思いさせたな…
ちょ!
ちょ…
ちょっと待ってよ
お前のせいじゃ…
いいや オレのせいだ
まだまだ全っ然
修業が足りん!
まだ2年目
じゃないか
あ
そっか!
がははは
ははは
まったく…
稲尾も
変わらないなァ

中西 そういう声は必ずオレに報《しら》せてくれ!
とくに批判は大歓迎!
うん! わかった!!
コク
あ でも好評のほうもたまには…な
ははは

中西さん…
いい笑顔できるじゃない
あ
もしもし和田です…

日比谷駅
Hibiya Sta.
翌日——
稲尾は相変わらずパワフルだったなァ——…
『勢麺』に対する批判は大歓迎！いろいろ教えてくれよ!!
ドン
ふふ
ボクも負けてられないや
パワーを少しわけてもらって特売ゲットするぞ
まずは担当店をまわって…
ピラ
…ダ…ダメだ

いきなり稲尾や豊田みたいに強くなれないや…
KAZUYA TOYODA
やっぱりボクは…
中西さん！
わっ
和田さん…！
さ！行きますよ！
は？
ニコッ

10号館
今日のゼミは発表者の和田さんから提案があって社会人のゲストを迎えています
それでは和田さんよろしく
はい

みなさん突然ですみません
私の今日の発表テーマは営業をしている人に関わりが強いんじゃないかなって思いました
そこで渋谷先生のご了解をとって私がアルバイトをしている会社で営業をされている
中西さんに来ていただきました
ちなみに…中西さんのご了解はとっていません
あははは
では 中西さん自己紹介をお願いします
え…え——……

稲尾や豊田なら
楽勝なんだろうけど…
ダメだ…
ウケることとか
言えそうにないなァ…
実日食品で
営業をやっています
中西です
よろしく
お願いします
…………
パチ
パチ
パチ
パチ…
我ながら
情けない…
それではみなさん
レジュメの
イラストを
見てください
中西さん
いきなりですが
問題です
え!!
ボ…ボクに〜〜〜ッ?
和田さん
無茶ぶり
すぎるって〜〜〜…

Q. イラストの右側のあなたは にこにこしながら相手を見ています この後、左側の相手は どんな顔をするでしょうか？

しかめっつらを
している
にこにこ
している

①表情を変えない
②表情を和らげる
③むっつりする

……
③のような気が…
③むっつりする
なるほど…
はッ

実はこれ「自分をどんなふうに評価していますか?」という心理テストです
②を選んだ人は「効力感(efficacy)」がある人です 効力感がある人は自分がにこにこすることで相手の気持ちも変わると考えます
心理学者のクラインの研究によるとしかめっつらの人を見ながらにこにこしている人は友好的で幸せそうな人柄とみなされることがわかっています
ふーん
稲尾や豊田それに和田さんもそれっぽいよな…
渋谷先生①は?
きっと自分が無力であると感じていることでしょう
そして③を選んだあなたは………
ドキッ!!

自分の行為が裏目に出ると考える自信喪失気味の人なんですよ
す…するどい
効力感とは「自分はある結果を生み出すために必要な行動がうまくとれる」という実感をもつことです
たとえば
自分から挨拶などで相手に働きかけるとその相手はそれに応えてくれる
こうした手応えがあると効力感がもて「毎日 いつでも どこでも 誰にでも 挨拶しよう」という気になります
その結果は？
あ…
関係が円滑になるような…
そう！日常生活が楽しくなり充実感が生まれるのです
きちんと相手の目を見て挨拶したり話をすることはとても重要なのです

そういえば ボクはいつも下を 向いてばかりだ…
おど おど
はは
ハッ
ぱん
さて 関係ない話だと 思うかも しれませんが
パズル解きを 利用した 心理実験が ありましてね…
B
パズルを解いても
何ももらえない
A
パズルが解けたら
ほうびがもらえる
このふたつの グループ パズルを 解いている 途中から どちらのグループ にもほうびを 出さないように しました
すると どうなった でしょう？

ほうびがもらえるグループのほうはモチベーションが下がる気が…
その通りです
意欲が失われたのでしょう
パズルを解ける人が少なくなりました
ちなみに「ほうびをもらうためにパズルを解く」ようなことを…
「外発的動機づけによる行動」と呼びます
「外発的動機づけ」?
仕事だってそうでしょう?
給料をもらうために頑張るんでしょ?
ええ…まあ
報酬でその気にさせるという「外発的動機づけ」を利用すると
「内発的動機づけ」つまり 自分の意志や興味で行動する能力が低下しやすいのです
なるほど——…
ふーん

逆に ほうびなしでパズル解きをしていた人は「解けると面白い」「もっと違うパズルを解いてみたい」という「内発的動機づけ」が高まったことになります
簡単に報酬が得られると…たとえば毎月決まった日に給料がもらえる環境だと「自分の意志で行動している」という意識が低くなり自発的に行動する意欲を失いやすくなるかもしれません
……
周りに知的好奇心や達成感にかられて仕事をしている人はいませんか？
同期にはいますが…
そんな人はほめられなくても見返りがなくても積極的に仕事に取り組んではいませんか？

自分の仕事に対してつねに報酬が与えられたり評価されたりすると私たちは「よりよい報酬やより高い評価を得るために仕事をしている」という思いが強くなりませんか？
ボ…ボクは上司に怒られないことだけを考えているような…
こうした状態が続くと「自分の行動の主体になっていない」との実感が強まり時には「なんのために働いているのかわからない」といった無力感にさいなまれる人が出てくることになります
まさにボクのことだ…

報酬や評価などを駆使して「外発的動機づけ」で人を動かそうとしてもその人の頑張りは長続きしないのです
本人が・・・・・・・・・・内発的な動機を見つけて努力するようになればまさに鬼に金棒なんですよ
内発的な動機…ですか
中西さん
豊田さんや稲尾さん中西さんたち3人は同期で励ましあっているんじゃないんですか?
同期で励ましあってる…

ガッ
ボクはこの日
やる気を引き出す
原動力を教えて
もらったのかも
しれない…
見返りがなくても
一生懸命になれる
動機の心理と
同期の仲間意識が
その気にさせることが
わかった──

翌日——
和田さん！
はい
おはよう
おはようございます！中西さん
ん
昨日はありがとう！
中西…

……
しおん
よしッ
いつもお世話になっております
実日食品の中西です
お忙しいところ大変申し訳ありません大下店長はいらっしゃいますか？

M
ミハラMストア
Environmental Stewardship
We support sustainable agriculture and local recycling efforts.
あのさ
強引にアポとって会うとかってさ
取り引きというか付き合いってそうじゃダメなんだ
すかー
はい！ご無理を申しまして申し訳ありません
わかってないんだよなア…
機嫌悪いなー…

思い切って来てはみたけど やっぱり無理かな………
はは

そうそう 簡単には 性格を変えることは できません
でも 心理学を 知ることによって 考え方は 変えられると 思いますよ
それでももし 逆境や挫折に 遭った時 過剰な悲観を断ち切る 手段として

※ストルツ博士は「ストップ！」法を考案しています

輪ゴム１本で事態が好転することも!?
「ストップ！」法の「そらし法」

①手のひらで硬いものを叩き
「ストップ！」と叫ぶ

②関係のない事柄に気持ちを集中する

③手首に輪ゴムをはめ、パチンとはじく

④関係のない行動で気分を紛らす

⑤運動し、心身の状態を変える

※ストルス博士＝組織コミュニケーションの研究者（アメリカ）

たとえば
頬を自分で叩くことや
さっきの私みたいに
机を叩いたりして
ぱんっ
ぱん
頭を冷やすというか
気分を切り替えて
合理的な解決方法を
見つけるきっかけに
したりします
もしかしたら
関取が気合いを
入れるために
頬を叩くのも
同じ理由かも
しれませんね
不合理な考えを
断ち切るための
条件づけという
ことでしょうか
ぱん
日頃から
好ましくない
考えが浮かんで
きたら たとえば
手を叩いて…
「ストップ！」
ストップ
と小声で叫ぶ
習慣をつけて
おけば
「手を叩く
頬を叩くなどで
好ましくない考えが
ストップする」という
条件づけが次第に
できあがっていくと
思います…

ぐいっ
なんだ?
なんだよ!
ふっ

ばちッ
!
大下店長!!
にかーーっ
なんだよ いきなり――ッ!!
あ…あのッ
なんなんだよ――っ

第5章

もう、やるしかないッ！

――「お前、営業…楽しくなってきたか？」

ぷっ
はは…
いたんです
よ〜〜
申し訳あり
ません

ミハラMストア
本当に強引に押し掛けてしまいまして…
だからなんなんだよ
今日は大下店長に……………
叱ってもらおうと思ってまた来ました!
はあ?
豊田や稲尾みたいに強くはなれないかもしれない
でも 今までの自分の考え方とは決別しなきゃ…

今までいろいろと不愉快な思いをさせてしまい申し訳ありませんでした！
ばっ
……
もう一度…
もう一度わが社の新製品である『勢麺』のプレゼンをさせてください！
ふむ
どうか…
ばっ
どうか お願いいたします！
わかったよ

1週間後だ
店長会議があるので
そこでプレゼンして
私を納得させてくれ
は…はいッ！
ありがとう
ございます！
しかし
中西さん
ばっ
ギュ
変わったよなァ
何かあった？
い…いや
ボクは…

本当に叱られに来ただけですから
にこっ
すっ
ふッ
M
ミハラMストア
Informed Service

1週間後なら ギリギリ 新発売の タイミングに 間に合うし 準備もできる
明日とか 言われてたら 勢いで行くしか なかったもんな…
さて ボクの想い… いや同期の想いを 大下店長たちに どう伝えるか…
ぱんっ
絶対に認めて もらわなきゃ …ですね 渋谷先生
友人、知人、同僚は
自分自身を知る鏡——苦言や
批判をしてくれる人こそ
大切にしましょう

もう同じ失敗は繰り返したくない…
ガッ
視線を合わせることにより
こちらの熱意や興味の強さを
相手に伝えることができるし
相手の関心も惹くことができます
さらに、自らの好意を相手に
伝えることもできます
性格は変えられなくても…
考え方は変えられる
心理学者のバーディンの実験では
「握手」には「心に残る触る効果」があり
再会を希望したいと感じさせる効果が
あることが実証されています
変わったよなァ
そしてチャンスをもらえた…

ぴら
「信頼される人間関係の築き方」
接遇に利用すると得する「〜すべし集」
①近づいて話すべし
→約50センチまで近づいて、熱心に説得
②視線を合わせて話すべし
→視線は好意と関心の強さを伝える
③手を軽く動かして話すべし
→手を握りしめたり、揉み手をしたり
ポケットに手を入れたり、体の後ろに
手を隠したりするのはウソのサイン
手や鼻や口のまわりを隠したり
触ったりするのもウソのサイン
④返事は１、２回にすべし
→３回以上続けて返事をしたり
うなずいたりするとウソのサイン
自分の気持ちを「表現する技術」だけでなく相手の心を「読む技術」も訓練しなければなりません
相手を知る「RP《ロール・プレイング》の効用」が効果的かもしれませんね

まず
相手の気持ちが
つかめない時には
「なぜだろう」と
考え込まないこと
!?
え〜〜〜っ
人間の
心理のなかには
いくら考えても
わからない部分が
あります
そりゃ
そうだよな…
ですので
相手と自分の
立場を入れ替えて
考えてみることが
相手の心を読む場合
効果的なのです
相手になりきって
自問自答を
繰り返してみて
ください
きっと何か
ヒントが見つかる
はずです…
はふっ

ふう
勢麺
せいめん
醤油味
可もなく
不可もなし
普通だなァ
身内びいき
とかじゃなく
けっこう
イケるけどなァ
——…『勢麺』
ずっ
!
もしかして…
ぼう

⑱ バンドワゴン効果
笛や太鼓の鳴り物がやって来ると沿道にいる人たちは浮かれた雰囲気に巻き込まれます
こうした現象になぞられてその場の雰囲気に左右されやすいことを「バンドワゴン効果」というのです
※バンドワゴン＝お祭りのパレードに繰り出す楽隊車のこと
また このようなムード作りをすることを「バンドワゴン・アピール」といいます
話し合いの時の拍手や大声で「賛成！」「そうだ！ そうだ！」と叫んだりすると…
いいね いいね！
OK！
賛成
なんとなく物事が決まってしまうことが多いと思いませんか？
……

おど
おど
はは
おどおどしていたボクの雰囲気が逆の「バンドワゴン・アピール」になっていたのかも…
雰囲気が悪けりゃ食べ物なんてうまく感じるはずないしな…
◎バンドワゴン
◎おいしく感じさせるため必要なこととは？
カリ
待てよ……
確か店長会議って言ってたよな
他店の店長たちを味方につけられたら「バンドワゴン・アピール」が…
いや…でもボクにそんなことが…
……

ガばっ

ぱしっ
できるかぎりのことをやってみよう
……というか
もうやるしかないッ!!

翌日——
割りばし
実日食品
どんぶり 中
実日食品
あとはエプロン…と
発泡どんぶり
発泡どんぶり
ガラ
ガラ
割りばし
あら中西さんどちらへ？

『ミハラMストア』の人たちに試食してもらうんだ
じゃあ 人手はあったほうがいいですよね
え?
私もお供します!
は?
主任に了解取ってきますから車で待っててください!
ちょ…ちょっと和田さん!?

和田さんにはびっくりさせられっぱなしだよな〜〜〜
だって私 中西さん 応援してますから
え？
……
彼女はなんでボクを気にかけてくれるんだろ…？
思い切って聞いてみるか…
チラ

ドキ
や…やっぱ やめとこう…
はい?
あ…いや
『ミハラMストア』ってどんなお店なんですか?
あ…ああ
人生はコシでしょ! 実日食品
『ミハラMストア』は地域の中堅チェーン店ってとこかな 本店とほかに4店舗あるんだ
ウリはなんといっても生鮮 とくに野菜と魚は独自の仕入れルートを持っていて とにかく安くて質がいいんだ だから集客力は高いよ
ミハラMストア
へぇ—— それは主婦の人たちはよろこびますよね
…そんないい店担当してるのに
実はほとんど顔出してないんだ…
え?

一応 自社商品のチェックはしないといけないから店には行くけど
客のフリして店の人とはほとんど話してなくて…
……
ひどい営業マンだよね…
大丈夫ですよ！今日からです！
そ…そうだね

M
ムラMスト
ゴクリ
ぱんっ
よしッ
失礼します！
実日食品です
関口店長
いらっしゃいますか？
ガチャッ

実日さん？
『ミハラMストア』一番町店 関口店長
これは珍しい 何年ぶり？
あ…い …いや
申し訳ありません
あっ
罪滅ぼしに わが社の新商品『勢麺』を みなさんにぜひ ご試食いただこうと 思いまして
ニコッ
おやおや こんな可愛い お嬢さんに お願いされたら 断れないね
ニコッ
休憩室に 何人かいるから 行ってごらん

ありがとう
和田さん
助かったよ
ガラ
ガラ
いえいえ
休憩室
ふう
明るく
元気に…
ぶつぶつ
さあ
がんばりましょう
中西さん!
うん
こんにちは〜〜〜
実日食品です!
ガチャッ
お休みのところ
すみません!

今日はみなさんに
わが社の新商品
『勢麺』をぜひ
召し上がって
いただこうと思って
やってまいりました！
あれ〰〰？
実日さんの
営業の人って
いたんだ？
初めてじゃね？
食品担当
滝内
ぷっ
はは…
いたんです
よ〰〰〰
申し訳ありません

滝内さん あんまりイジメない せっかく食べさせてくれるって言ってんだから
生鮮パート 藤本
そうですよ ちょうどよかったじゃないスか みんなこれからなんだから
チルド担当 河野
わー 助かる〜〜〜！ 昼メシ代ういた〜〜〜！
事務員 池永
若い娘が「昼メシ」言うなー！
きゃーっ
では早速調理いたします
ガスコンロお借りしまーす
コク
コク

熱麺
醤油スープ
JITSUSYOKU

お待たせしました！実日食品の自信作『勢麺』です！
おーーっ
いい匂いだうまそうだね！
あ〜〜〜〜ホウレン草ほしいわちょっと持ってくる！
オレも！
頼む〜〜〜
あたし ノリもほしい〜〜〜
しょうがねぇな〜〜〜みんなの分も持ってくるよ
チャーシューもいいな〜〜〜〜
高いからダメ！

いいよ
ボクがおごるよ
ワ〜〜〜 店長ステキ〜〜〜!
キャッ
キャッ
なんか楽しいな…
こちらが明るく接すれば相手も明るく返してくれるんだな…
ミハラMス
ふー
ふー
『ミハラMストア』幸町店 畑店長

ミハラMストア
『ミハラMストア』
月町店
東尾店長
ミハラMストア
ミハラMストア
『ミハラMストア』
本店
『ミハラMストア』鳥飼店
河村店長

いよいよ
店長会議での
プレゼン
明日ですね
うん
コク

和田さん
ホントにありがとう
キミのおかげで
明日のプレゼン
頑張れそうな気がするよ
そんな…
私は何も
いや キミの
おかげだよ
…和田さん
前から
聞こうと…
よ！
『ミハラMストア』
明日だったな！
！
豊田…
大丈夫じゃね？
お前 最近
変わってきたし
入社以来の
付き合いとはいえ
中西のことは
わかってるつもり
だぜ オレは
なあ 中西
お前 営業…
楽しくなって
きたか？

…うん
そんな気がしてきてる
そっかー…オレは営業が楽しいと思ったことは一度もない
え!?
一度もないんだよ営業が楽しいなんて思ったことは…
と…豊田
あ…あの私席をはずしましょうか?

いや いてくれ
……
中西 お前 オレに「なんでそんなに営業に打ち込めるか」って聞こうとしたことがあったよな
う… うん
教えてやるよ オレにはな 2歳上の兄がいるんだ
どういうわけか親父は兄ばかりを溺愛してな…
とにかく兄に対しては「期待してるぞ」とか「よくやったな」とか小さい頃からずーっと誉めまくりなわけよ
それに引きかえ このオレに対しては…「お前はダメだ」だの「私の子じゃない」だの もうケチョンケチョン…
誉めまくられたお兄サマは親の期待に応えて超一流の高校に入ったさー オレは近所の公立高校…
ところがな 幸か不幸かある出来事があってな…
出来事…?

親父がリストラで経理の仕事から営業の仕事に転職したんだ
営業…
そしたらさ親父 営業全っ然できなくてよ
得意先からボコボコなわけよ
それからあんだけ憎ったらしかった親父が家でも元気がなくなってな
オレにはもちろん兄にも何も言わなくなったのよ
誉められなくなった兄…
もう 成績急降下金がないから浪人もできないってんでなんとか二流の私大に滑り込みさ…
どうなったと思う？
逆にオレはガゼンやる気が出たね親父がボコボコにされた「営業」で天下とってクソ親父を見返してやろうって

それから
ガンガン勉強して
商学部のある
国立大に入って
現在に至る…てわけ
この気持ちが
ある限り…オレは
営業に打ち込める
じゃ 中西
明日 頑張れよ!
豊田…
「ピグマリオン効果」
ですね…
え?

「期待しているよ」という意思表示で成果があがることを「ピグマリオン効果」といいます
豊田さんのお兄さんがそれですね…
一方 その逆『期待してないよ』と無視するような言動のため成果があがらないことを「ゴーレム効果」といいます
高校までの豊田さんですね…
かわいそうだけど…でもそういうことがあったから今の優秀な営業マン豊田がいるわけだし…
そうなんですけど…お父さんに対する憎しみが動機なんですよね
それって長続きするんでしょうか…？
それもやる気を引き出す原動力というか「内発的動機づけ」になるのかな…？
なんだか違うような気がするんですけど
…………

第6章

また、叱ってもらえますか！

――「内発的動機づけ」のパートナー

そわ
そわ
そわ

豊田の
「内発的動機づけ」は
父親を反面教師に
することだった
なんて…
報酬や評価などを
駆使して
「外発的動機づけ」で
人を動かそうとしても
その人の頑張りは
長続きしないのです
本人が内発的な動機を
見つけて努力するように
なれば　まさに
鬼に金棒なんですよ
でも…
豊田さんや稲尾さん
中西さんたち3人は
同期で励ましあって
いるんじゃ
ないんですか？
同期で励まし
あってる…か

あれは入社したての頃だったな…
同期のお前らが自信を持って売ってくれる商品を　オレが開発する！
ある意味　お前らが前線で体を張って　オレは援護射撃って感じだな
……
互いの道を突き進み　いずれはみんなで大きな波を起こそうぜ！
おおッ!!
あの時はボクだけ希望と違う営業への配属だったのでふたりの話を聞いているだけだったよな…
でも　豊田と中西はこんなボクを支えてくれてたんだ…

豊田は
「分析力と判断力と行動力」を
駆使する
頭脳派タイプ
自分の営業の
ノウハウを
隠すことなくボクに
教えてくれた…
担当した製品を
「子ども」という稲尾は
「ハート」で
動くタイプ
大下店長の
「普通」という
評価に涙を流して
謝ってくれた…
じゃあ…
ボクは？

ばしっ
ボクは…

こんなボクを支えてくれた人たちのために頑張る！

ミハラMストア
We support sustainable agriculture and local recycling efforts.
『ミハラMストア』店長会議 当日──

社会心理学者の
スティンザーは
同じようなメンバーで
会議を繰り返す時に
しばしば生じる原則を
発見しています
これを
「スティンザー効果」
と呼び…
その第一に
かつて
口論した相手が
同じ会議に
出席した時には
その相手の正面に
座る傾向があります
視線が合いやすい
正面は
論敵の動向を
知るうえでも
有利な席です
自分が
発表する時は
正面に座った人の
発言に注意
しましょう
醤油味
えー…

また
その人の目を見ながら
語りかけるように話すのが
先手必勝の策です
本日はお忙しいなか
お時間をいただき
ありがとうございます
早速 わが社の
新商品『勢麺』の
プレゼンを行なわせて
いただきます
せいめん
じつは『勢麺』の
スープ担当の
ひとりが
ボクの同期
なんです
ほう
その同期は
『勢麺』のことを
「子ども」と言って
おいしいスープを
開発するために
半年間 3食スープ
だけだったそうです
ウソだ〜〜〜
あ…
わかりました？
ボクは
だまされたん
ですけど…
すーすーすいすい

勢麺
せいめん
醤油味
勢麺
CMソング
小林旭
一方
「インタラクショナル・
シンクロニー」
すなわち…

相互の同調行動は相手の心を惹きつける不思議な力があります
シンクロしない時は拒否のサインだと思われる傾向があります
実験では相手の言動をまねしながら話した人は相手から好意を寄せられることが多く相手に「好意を寄せている」と感じられることが多いんです
ただ 相手はまねされていることに気づくことは少ないので相手の言動をまねしてみるのは信頼関係を築こうとする場合何かと効果的なのです
カサ
勢麺
せいめん
醤油味
…以上で
『勢麺』のプレゼンを終了させていただきます
ぜひ御社の特売の目玉として『勢麺』をよろしくお願いいたします！

お疲れさま
さて 関口くん どうかね？
私の店で何人かのスタッフと試食しました
全員に好評でしたし問題ないと思います
ホッ
「スティンザー効果」の第二にある意見が述べられると次には反対する意見が出やすいということがあります
自分の案を賛成多数で通すためには賛成意見が出たら反対意見が出る前に別の人に賛成意見を述べてもらうようにします
また 会議などで参加者を説得しあらかじめ用意しておいた結論を導きだすためには「バンドワゴン・アピール」すなわち「その議題が提案されたらすぐに賛成意見を述べてほしい」と何人かに根回しをしておくのがいいでしょう

「バンドワゴン・アピール」をやりたかったけど…
今回は試食してもらっただけで根回しはしていない…
お願いします！
誰か…
ニンニク入りのスープなのに臭わないのもいいと思いますよ
パチ
ありがとうございますッ！
お好みの具材の提案も面白いかもね
は…はいッ！
せっかくだからマネキン販売(試食販売)やろうよ
ぜひッ…

じゃあ この後
会議のなかで
正式に結論
出すから
特売が
決まったら
今日の夕方ごろ
電話で連絡するよ
はいッ
ありがとう
ございましたッ！

ミハラMストア
深夜2 00まで営業
Informed Service
Our Team
ふう
やることはやった…
中西さん
すっ

そわそわ
そわ

どうだった？
中西
豊田…
特売が決まれば
夕方に連絡が
入るんだ
そうかー
今17時だな
………
ぽん
中西さんッ
『ミハラMストア』の
大下店長から
外線ですッ!!

き…き…
来たッたッ…
たッた…
ガチャ
ガチャガチャ
ガチャ
落ち着け
す…
す…
すまん
お…お電話
かわりました
中西です
『ミハラ』の
大下です
中西さん
納得したよ
来月の
月初特売…

決定！
納品
よろしく！
あ…
じわ
ありがとう
ございましたッ！
しかし
「バンドワゴン」で
くるとはね

ご…
ご存じだったんですか!?
オレも心理学勉強したクチなんだよ
今までのキミはねオレの新人の頃にソックリだったんだ
スーパーの外商部に配属されて顧客開拓の毎日さ全然ダメでねぇ…
!
オレって営業に向いてないって…
ところがねある日…
個人のお客さまなんだけどとっても感謝されたんだ
「ウチの店のおかげで生きていられる」ってね…

それからオレは変わったんだウチの店を利用してくれるお客さまにひとりでも多くよろこんでもらえるようにって
いろんなことを勉強した
心理学もね
心理学のおかげで「営業に向いてない人」なんていない
何の努力もしないで営業という仕事を嫌ってるだけなんだってわかったね

覚えてるかい?
キミに「営業嫌いだろ?」って言ったこと
はい…あれは効きました………
あれはオレなりのメッセージだったんだ
それからキミは変わってきた心理学の香りをプンプンさせてね
いや〜〜〜
気づいてたけど気づかないフリしてたけどね
とにかく
はは…

これからはキミもパートナーだ！
「ウチのお客さまを笑顔にする」というオレの「内発的動機づけ」のためのな！
は…はい！ありがとうございますッ！
よろしく頼むよ中西さん
あのー大下店長…
お願いがあります
なんだい？
また叱ってもらえますかッ！
！

いつでも来なさい！
ありがとうございますッ!!
ハッハッハ！
やったな中西！
ガチャ
さっ
ピポパポピ
ん？
??????????
???????
あ！もしもし中西です
『勢麺』特売取れたよ！

本当か！
よかったな中西！
稲尾たちのおかげだよ
オレは別に何もしちゃいないさ中西の力だよ！
豊田ありがとう
ボクの「内発的動機づけ」になってくれてありがとうってことさ
は？
ガチャ
おう！

そして和田さん
はい
渋谷先生の授業に参加させてもらったおかげだよ
本当にありがとう
でも
どうしてボクを助けてくれたの？
うん うん
あ…聞きたいですか…？
『勢麺』新商品発表会の前日の夜…
準備終わった？
それ運んどいて
みんな 明日の準備でてんてこ舞いで…

そっちはどう？
それ現場で開けるから
明日はTV入るよー!!
……
どうしよう？
あ…あのォ
！
和田さんどうかした？
おど
あ…
い…いやずいぶんと困ってるみたいだったから…

明日の発表会で使う得意先用の名札なんですけど…
名札の用紙が大きすぎて名札ケースに入らないいんです…
え？
何枚あるの？
300枚ぐらい…です
主任さんは明日の準備で会場へ行ってるし他のみなさんも忙しそうで…
300枚…
もうこんな時間ですし…

和田さん
・・・
ボクたちで
なんとか
しよう！
Meeting Room
01
ピー……

ぴったりです！
よしッ 残りも頑張ってやっつけちゃおう！
はい！

私 その時に 中西さんが言った 「ボクたちで なんとかしよう」に すっごく 感動したんです
それで 渋谷先生に質問 してみたら…
「ボクたちで～」 と言うほうが 「ボクとキミとで～」 と言うより 好感度が高くなります
仲間意識というか ふたりの一体感が 強調され 近接度が 高くなるからです
ボ…ボクそれ 意識して言った わけじゃ…

わかってます
でも 私 その時
決めたんです
中西さんが困ってたら
「私たちで
なんとかしよう」って
あ…
ったく――ッ!
特売も
カノジョも
一気にゲット
ってか――ッ!!
か…彼女だ
なんて…
え～～～
ダメですか
～～～っ
ダ…
ダメなんて
そんな…
わ～～～い!
はは…
アホくさ

さあて
こいつは同期のオレが塗らなきゃな！
営業成績表
キュッ
キュッ
仰木
中西
河野
藤本
パチ
パチ
パチ
パチ
パチ
パチ
パチ
パチ
パチ
パチ
中西…
パチ
いい笑顔だよ
今回はお前に教えられたな
オレも「内発的動機づけ」考え直さなきゃな…
パチ
パチ
パチ

そして現在―――
係長!
特売 取れましたーーっ!!
おう よくやった!!
今月も絶好調じゃないか
自分にも後輩ができた
そして部下もできた
自分が先輩や先生方に教わってきたことを今度は伝える番になった
でも…ちょっと別件の坪内さんなかなか親しくしてくださらなくて…

あのさ
それは会社のためというのもあるが…
「人付き合い」と思わなくてもいいと思うよ
?
心理学では「人と接する」って思えばいいんだよ
会社を通じてせっかく知り合った仲間たちが仕事を楽しめる環境を作るため…
人と接する…
そしてそれぞれの大切な人のために…
そう そしてな…
終

【参考文献】

『心をつかむ心理学』渋谷昌三著／三笠書房

『怖いくらい当たる「心理テスト」』渋谷昌三著／三笠書房

『外見だけで人を判断する技術』渋谷昌三著／ＰＨＰ研究所

監修者

渋谷昌三（しぶや　しょうぞう）

1946年神奈川県生まれ。学習院大学文学部哲学科卒。東京都立大学大学院博士課程修了。山梨医科大学教授を経て、現在、目白大学社会学部教授・学部長、同大学院心理学研究科教授。人のしぐさや行動から深層心理を解明するという、非言語コミュニケーションに基づく「空間行動学」の第一人者。主な著書：『外見だけで人を判断する技術』（ＰＨＰ研究所）、『面白いほどよくわかる！　心理学の本』（西東社）、『本当の自分が見えてくる心理学入門』（かんき出版）、『しぐさを見れば心の９割がわかる！』（三笠書房）ほか多数。

作画者

渡辺保裕（わたなべ　やすひろ）

1967年千葉県生まれ。手塚治虫に憧れ漫画家を志す。加藤唯史、原哲夫のアシスタントを経てデビュー。熱くて温かい漫画を描かせたら天下一品！　主な作品：『プレイキャッチ』『とせい - 任侠学園 - 』（以上、小社刊）、『ワイルドリーガー』（新潮社）、『ドカコック』（一迅社）ほか。

※本書は書き下ろしオリジナルです。

JIPPI Compact

じっぴコンパクト新書　201

マンガでわかる　営業《えいぎょう》に向《む》かない…と思《おも》っている人《ひと》のための　営業系心理学《えいぎょうけいしんりがく》

2014年9月9日　初版第1刷発行

監修者……………渋谷昌三
作画者……………渡辺保裕
発行者……………村山秀夫
発行所……………実業之日本社
〒104-8233　東京都中央区京橋3-7-5　京橋スクエア
電話（編集）03-3562-1967
（販売）03-3535-4441
http://www.j-n.co.jp/
印刷所……………大日本印刷株式会社
製本所……………株式会社ブックアート

ISBN978-4-408-33514-8（第三編集本部）